Début d'une série de documents
en couleur

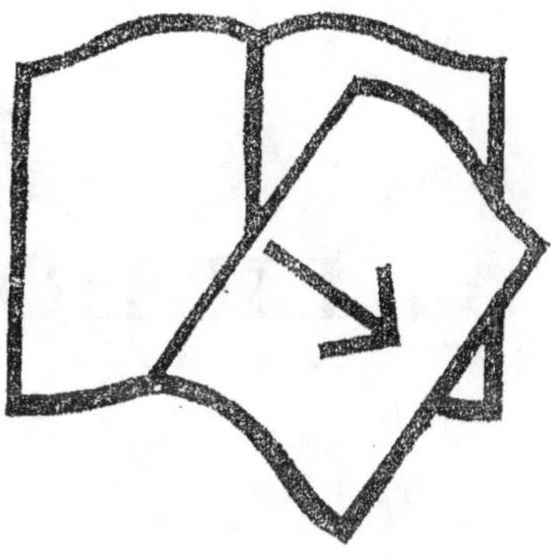

Couverture inférieure manquante

LES

ÉLECTIONS EN AUTRICHE

ET

EN HONGRIE

PAR

LEFÈVRE-PONTALIS

Membre de l'Institut.

Extrait de la Revue Politique et Parlementaire (Juillet 1897).

PARIS

BUREAUX DE LA *REVUE POLITIQUE ET PARLEMENTAIRE*

110, RUE DE L'UNIVERSITÉ

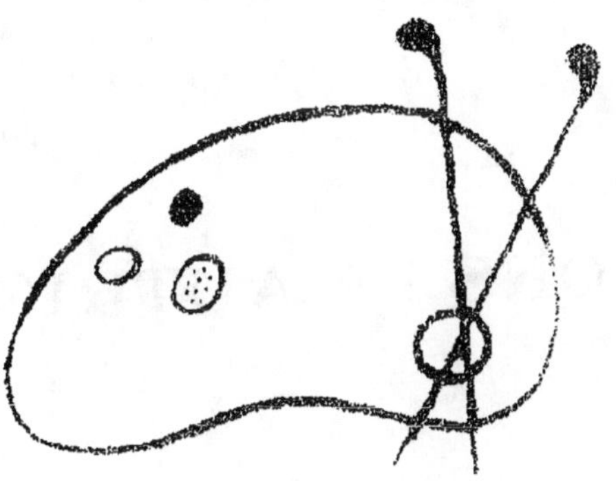

Tiré d'une série de documents
en couleur

LES
ÉLECTIONS EN AUTRICHE

ET

EN HONGRIE

LES

ÉLECTIONS EN AUTRICHE

ET

EN HONGRIE

PAR

LEFÈVRE-PONTALIS

Membre de l'Institut.

Extrait de la **Revue Politique et Parlementaire** *(Juillet 1897).*

PARIS

BUREAUX DE LA *REVUE POLITIQUE ET PARLEMENTAIRE*

110, RUE DE L'UNIVERSITÉ

LES ÉLECTIONS EN AUTRICHE ET EN HONGRIE

Les dernières élections d'Autriche, qui ont eu lieu au mois de mars, sont d'autant plus curieuses à connaître, qu'elles font avec celles de France le contraste le plus manifeste. Elles sont à l'antipode du système d'unité à l'excès qui est inhérent à notre législation électorale, sans aucune dissemblance entre les élections dans une ville comme Paris ou dans une colonie comme l'Inde ou la Cochinchine. Les élections autrichiennes représentent au contraire le système de la variété à outrance et la nouvelle loi, celle du 14 juin 1896, qui a ajouté à toutes les catégories d'électeurs, la catégorie du suffrage universel, auquel elle a fait sa part, a caractérisé cette variété d'une façon encore plus saillante.

Les élections autrichiennes n'ont rien de commun avec les élections de la Hongrie, l'Autriche et la Hongrie, quoique faisant partie de la même monarchie, ayant chacune leur constitution particulière et différente. Les affaires communes aux deux royaumes, guerre, finances, relations étrangères, sont traitées par deux délégations élues, l'une par le parlement autrichien, l'autre par le parlement hongrois. Elles sont dirigées par des ministres qui sont les mêmes pour les deux états : les deux états ont en outre chacun un ministre des finances et un ministre de la défense nationale spécial à l'Autriche et spécial à la Hongrie, tandis que les Affaires étrangères sont pour l'Autriche et pour la Hongrie sous la direction d'un ministre unique qui est aujourd'hui le comte Goluchowski, l'un des arbitres de la politique européenne.

Les délégations se composent de 60 membres, 20 appartenant à la première chambre de chaque royaume et 40 à la Chambre des députés, proportionnellement à la représentation des différentes provinces de l'Autriche et de la Hongrie. Les délégués sont élus pour un an. Les délégations siègent séparément, mais dans la même ville, une année à Vienne et l'autre année à Budapesth. Ce n'est qu'en cas de désaccord qu'elles se réunissent en assemblée plénière.

Le parlement autrichien qui siège à Vienne dans un somptueux palais d'imposant aspect sur le Ringstrasse, représente les 17 provinces ou pays situés de l'autre côté du Leithan (1) et qu'on appelle la Cisleithanie. Il comprend, sous le nom de Reischrath, deux assemblées. La première Chambre est la Chambre des Seigneurs dont le nombre est illimité et où siègent aujourd'hui 231 membres. En font partie de droit et du jour de leur majorité, les princes de la famille impériale, les chefs des familles nobles au nombre de 70, à qui le droit héréditaire de siéger a été conféré, les archevêques et évêques au nombre de 11 ayant le titre de princes de l'Empire. En font partie à vie ceux que l'Empereur désigne parmi les hommes éminents ayant rendu des services signalés à l'État, à l'Église, aux sciences et aux arts et qui représentent aujourd'hui 146 membres.

La Chambre des Seigneurs (Heerenhaus) a les mêmes droits que la Chambre des députés ; mais la loi des finances et la loi de recrutement doivent être présentées préalablement à la Chambre des députés, et c'est à la Chambre des députés que la Chambre des Seigneurs laisse la plus grande part du pouvoir parlementaire, en se contentant trop souvent de n'être qu'une Chambre d'enregistrement.

La Chambre des députés (Abgeordetenhaus) élue pour six ans, à laquelle on n'est éligible qu'à trente ans et dont les membres, outre, les frais de voyage, reçoivent une indemnité de 10 florins par jour pendant la session, en moyenne 1.800 florins équivalant à 3.600 francs, comprend depuis la dernière réforme électorale 425 députés. Elle n'a, comme la Chambre des Seigneurs, qu'une origine relativement récente. Elle remplace depuis 1861 l'ancienne représentation des diètes provinciales et c'est seulement depuis la loi du 2 avril 1873 quelle a cessé d'être élue par les diètes.

(1) Ce sont les grands duchés de Basse et de Haute-Autriche, les royaumes de Bohême, de Dalmatie et de Galicie, les duchés de Salzbourg, de Styrie, de Carinthie, de Carniole, de Bukowine et de Silésie, les margraviats de Moravie et d'Istrie, la principauté de Görz, les territoires de Vorarlberg et de Trieste.

La loi électorale du 2 avril 1873, qui est restée la loi fonda-
mentale, a constitué quatre catégories ou curies d'électeurs pour
les sujets autrichiens âgés de 24 ans qui ne sont atteints par aucune incapacité, et à l'exclusion des militaires en activité de
service. Ces collèges électoraux sont ceux des grands propriétaires, des censitaires des villes, des censitaires des campagnes
et des membres des Chambres de commerce.

Pour faire partie du collège électoral des grands propriéi-
taires, désigné sous le nom de première curie, il faut justifier,
dans la plupart des provinces, de la possession de biens-fonds
d'origine seigneuriale payant une contribution qui varie de 100
à 250 florins. En Dalmatie, la curie de la grande propriété est
remplacée par celle des plus imposés, quelle que soit la contribution qui ne peut être inférieure à 100 florins. Le droit de vote,
comme grand propriétaire, peut appartenir non seulement aux
militaires en activité de service, mais encore aux femmes « qui
jouissent de leurs droits d'une manière indépendante », ainsi
qu'à « des personnes morales », telles que corporations, fonda-
tions, établissements publics ; mais ces votes ne peuvent être
donnés que par une procuration, qui ne peut être remise qu'à
l'un des électeurs de la curie. A Vienne, pour la Basse-Autriche,
27 femmes sont inscrites sur la liste qui compte, indépendamment des membres de la famille impériale, 207 électeurs nom-
mant 5 députés.

Les grands propriétaires votent au scrutin de liste et par province. Toutefois, dans le royaume de Galicie qui compte 2184
membres de la première curie, la curie de la grande propriété
est divisée en plusieurs circonscriptions. En outre, en Bohême,
les grands propriétaires fidéi-commissaires sont réunis dans un
collège électoral spécial. Dans le Tyrol, certains dignitaires
ecclésiastiques votent à part, et dans la dernière élection, il a
suffi de 6 voix sur 10 électeurs pour une nomination. Dans le
Tyrol ainsi qu'en Bukowine, les grands propriétaires procèdent
à l'élection, en adressant leurs bulletins au gouverneur.

La curie des grands propriétaires, qui compte 5.347 électeurs,
est représentée au Parlement (1) par 85 députés, dont 23 pour
la Bohême, où le nombre des grands propriétaires est de 433.

(1) Sauf pour le territoire de Trieste et pour le Vorarlberg, qui n'ont pas la curie de la grande propriété.

S'ils sont plutôt féodaux pour la Bohème, en Autriche, ils appartiennent en majorité au parti libéral.

La seconde curie est celle des électeurs des villes, marchés et centres industriels qui nomment 118 députés. L'ancienne loi électorale de 1867 ayant déterminé, à titre définitif, ce qui doit être considéré comme ville, il en résulte que certains centres industriels d'origine récente restent assimilés aux campagnes. Les électeurs des villes sont ceux qui paient 5 florins d'impôt direct, par suite de l'abaissement du cens de 10 florins à 5 florins, qui résulte de la loi du 4 octobre 1882 : à partir de 1898 le cens ne sera plus que de 4 florins, d'après la loi du 5 décembre 1896. Les électeurs des villes forment un collège par circonscription votant par suffrage direct pour un seul député. A Vienne, par exception, la circonscription de la vieille ville nomme 4 députés au scrutin de liste.

La curie des campagnes comprend la même catégorie d'électeurs que la curie des villes, c'est-à-dire les électeurs qui paient également 5 florins. Les élections, sauf dans la Basse-Autriche où elles sont directes d'après l'ordonnance du 1ᵉʳ août 1896, ont lieu au second degré, à raison d'un électeur du second degré par 500 habitants, nommé à la majorité relative, et en tout cas à raison d'un électeur au moins par commune, quand la commune a moins de 500 habitants. Les électeurs du second degré ou délégués s'appellent « *Wahlmänner* », littéralement hommes d'élection. Le vote des délégués a lieu généralement au district judiciaire équivalant à notre chef-lieu de canton. Dans le cas où le vote est direct comme en Basse-Autriche, les électeurs votent à la commune, même quand elle n'a que 250 habitants. Les circonscriptions électorales, dans lesquelles le vote n'a lieu uniformément que pour un député, sont constituées par la réunion de plusieurs arrondissements judiciaires ou administratifs. La curie des campagnes est représentée par 129 députés. Elle est désignée sous le nom de quatrième curie.

. Entre la seconde et la quatrième curie, la troisième curie est celle des Chambres de commerce représentée par 595 électeurs qui nomment 21 députés. Les Chambres de commerce élues par les notables commerçants comprennent de 26 à 188 membres. Les droits politiques qui leur appartiennent sont l'application du système de la représentation des intérêts.

Quant à la représentation proportionnelle au nombre des habitants ou des électeurs, la répartition des députés entre les quatre curies n'en tient aucun compte.

Telle était l'organisation des curies, quand la loi du 14 juin 1896 y a ajouté une cinquième curie désignée sous le nom de « Classe générale d'électeurs ». Elle donne le droit de vote sans aucune condition de cens à tous ceux qui remplissent les conditions générales de l'électorat, en ayant au moins six mois de domicile, et elle assure ainsi le bénéfice d'un double vote aux électeurs des autres curies.

Les collèges électoraux entre lesquels ces nouveaux sièges ont été répartis, sont constitués par les districts judiciaires, sans distinction des villes et des campagnes (1). Le vote des électeurs de la cinquième curie a lieu directement dans les villes et dans les circonscriptions de la Basse-Autriche, conformément à ce qui s'y pratique dans la catégorie des campagnes. Ailleurs il y est procédé soit directement, soit à deux degrés, suivant que la diète de chaque province en a décidé (2).

La cinquième curie dispose de 72 sièges, qui sont répartis entre les différentes provinces de la monarchie autrichienne, mais en changeant le moins possible le nombre des députés qui leur sont attribués. Elle confère le droit électoral à 3.601.224 nouveaux électeurs, et le nombre des électeurs a été porté de 1.732.237 à 5.334.400 (3), en étant dès lors quadruplé.

Cette grande innovation dans le système électoral de l'Autriche a été l'œuvre du premier ministre d'aujourd'hui, le comte Badeni, qui s'est montré ainsi un grand homme d'Etat. Elle s'imposait depuis trois années, quand le 10 octobre 1893, par un coup de théâtre inattendu, le premier ministre d'alors, le comte Taaff, pour dérouter ses adversaires, proposa brusquement à la Chambre des députés un projet de réforme qui ne tendait à rien moins qu'à donner le suffrage universel pour base au système électoral de l'Empire. Ce projet qui était un véritable bouleversement ne pouvait être adopté. Il fut rejeté, et de 1893 à 1896, sous des ministères successifs, il fut remanié de toute

(1) Sauf pour Vienne, divisée elle-même en cinq circonscriptions : Prague, Brunn (Moravie), Lemberg (Pologne), Gratz (Styrie), Trieste, qui forment chacune une circonscription, mais en englobant tout l'arrondissement judiciaire.

(2) Le suffrage direct, comme en Basse-Autriche, a été voté par la diète de Bohême pour la curie des campagnes et pour la cinquième curie au mois de janvier 1896, mais pour n'entrer en application qu'aux prochaines élections.

(3) Sur une population de 24 millions.

façon, sans pouvoir aboutir. Propositions succédant aux propositions, le gouvernement renonçant de guerre lasse à toute initiative et s'en remettant à une Commission qui déléguait elle-même ses pouvoirs à une Sous-Commission, tel était le triste spectacle d'une impuissance plus ou moins volontaire. Tandis qu'à l'une des séances du Parlement de 1895 (1), l'un des députés de Bohême demandait à la Chambre d'entendre « les cris des électeurs qui frappaient à la porte », la réforme électorale restait en quarantaine, jusqu'à ce que le comte Badeni prit l'énergique résolution de mettre fin à tous les atermoiements et à toutes les ambiguités. Son nouveau projet eut le double mérite de la franchise et de la modération. Il sut le rendre viable, et le faire en même temps accepter, d'une part en faisant du suffrage universel, sans aucune restriction, la base de l'électorat pour les 72 députés de la nouvelle curie, et d'autre part en conservant intacts tous les droits acquis, de façon à laisser aux anciennes curies, quoiqu'avec un nombre bien inférieur d'électeurs (2), les 353 députés qui leur étaient attribués.

Ce projet a eu l'avantage de n'être pas une révolution, mais une évolution qui, sans exclure la perspective d'une part plus large à faire ultérieurement à la nouvelle curie, respecte le passé, satisfait le présent et inaugure l'avenir.

Par une sage transition et sans faire table rase, il a étendu jusque dans ses dernières limites le droit électoral, en même temps que dans la répartition des collèges électoraux de la nouvelle curie, il a tenu compte, dans la mesure du possible, du système de la proportionnalité représentative. Il a donné ainsi une nouvelle orientation au système électoral de l'Autriche. Il a accordé droit de cité au suffrage universel, sans lui attribuer la toute-puissance; il l'a acclimaté. Plus favorisée que la France, qui, en 1848, l'a improvisé par un saut dans l'inconnu, l'Autriche pourra, sans rien hasarder, en faire l'expérience.

Après avoir classifié les différentes catégories d'électeurs, il importe de faire connaître et de préciser les opérations électorales. Pour les procédés de vote, l'uniformité apparente n'exclut pas la variété, qui continue à avoir libre cours.

Les listes électorales sont dressées par le gouverneur de la

(1) Discours de M. Eim, 27 mars 1895.
(2) Les 72 députés de la nouvelle curie représentent 3 millions 600,000 électeurs, tandis que les 353 députés des autres curies n'en représentent qu'un million 700,000.

province pour les listes des grands propriétaires, par le maire
pour les listes des électeurs des villes et des électeurs du premier degré dans les campagnes, par le chef de la circonscription
(Bezirkshauptmann) équivalant à notre sous-préfet, pour les
électeurs du second degré, sauf recours à l'autorité supérieure
et en dernier ressort au gouverneur de la province.

Les électeurs sont convoqués sur l'ordre du ministre de
l'Intérieur par le gouverneur qui désigne le jour où il doit être
procédé à l'élection, et donne l'indication des emplacements où
elle doit avoir lieu. La division par sections de vote est obligatoire pour plus de 1.000 électeurs.

Les bureaux électoraux sont composés de sept membres auxquels est adjoint un commissaire de l'élection qui est le délégué
du gouvernement. Des sept membres de chaque bureau électoral, trois sont nommés, soit par le Conseil municipal quand
le vote est direct, soit par les électeurs présents, pour la curie
des grands propriétaires et celle des Chambres de commerce,
soit également par les électeurs présents quand le vote a lieu au
second degré. Les trois autres membres sont désignés par le
commissaire de l'élection. Ces six membres en nomment un
septième et les sept membres font choix parmi eux de leur
président (1). A Vienne, les grands propriétaires, bien qu'appartenant en majorité au parti libéral, avaient par déférence
fait choix, pour les présider, du bénédictin qui représentait la
grande abbaye de Melt.

Le commissaire de l'élection est désigné par les gouverneurs
pour les villes capitales des provinces et pays, et en dehors des
villes capitales, par les chefs de circonscription, ou par ceux
que le gouverneur a désignés. Il installe le bureau, choisit le
secrétaire qui doit dresser le procès-verbal qu'on appelle le pro-
tocole, contrôle les opérations, maintient l'ordre, signe les
procès-verbaux et se charge de leur expédition. Il a même le
droit de remplacer les membres du bureau à nommer par les
électeurs présents, si à l'ouverture du vote aucun électeur ne se
présente pour cette nomination.

Une fois le bureau électoral constitué, le président, après avoir
fait constater que l'urne est vide, donne lecture des articles de

---

(1) Quand il y a élection au premier degré, le bureau électoral se compose seulement de deux membres nommés par le maire, et du commissaire de l'élection.

la loi relatifs à l'électorat et à l'éligibilité, explique comment le vote doit avoir lieu et exhorte les électeurs, d'après la formule écrite « à voter suivant leur libre conviction, sans aucune arrière-pensée intéressée et en ne tenant compte que de leur meilleure science et conscience, en vue du bien général ».

Il est ensuite procédé au vote en commençant par les membres du bureau. Le vote, a lieu par bulletins envoyés préalablement à l'électeur avec une exemplaire régularité. C'est à l'électeur qu'il appartient de le remplir en mettant le nom du candidat dans une colonne, avec l'indication de la profession et l'adresse du candidat dans les deux autres colonnes, sans que ces deux dernières indications soient obligatoires à donner. L'électeur qui justifie n'avoir pas reçu de bulletin le reçoit des mains du commissaire de l'élection. Chaque électeur qui se présente remet au président sa carte électorale appelée *carte de légitimation*, et lui passe son bulletin plié, que le président dépose dans l'urne, dont des soupières tiennent quelquefois lieu dans certaines communes rurales.

Le vote par bulletins est désormais uniforme dans toutes les curies d'après la nouvelle loi du 14 juin 1896 (1). Il pouvait, auparavant, avoir lieu verbalement dans la curie des campagnes, conformément aux lois en vigueur pour les élections des députés à la diète de la province. Le vote verbal ne subsiste plus que pour la nomination des électeurs du second degré, dans les provinces qui en conservent encore l'usage (2).

Quant aux heures des votes, aucune disposition de la loi ne les indique. Ce sont les gouverneurs des provinces qui les fixent, en les accommodant aux convenances des électeurs, et en tenant compte de leur nombre. C'est ainsi qu'à Vienne, pour la cinquième curie, celle de la Classe générale des électeurs, le vote commence à dix heures du matin, pour n'être clos qu'à cinq heures, tandis que pour la curie des grands propriétaires, il n'a qu'une durée de deux heures, de dix heures à midi.

L'élection a lieu à la majorité absolue. Si la majorité absolue

(1) Article 40.

(2) Bohême, Dalmatie, Galicie, Carinthie, Carniole, Görz, Istrie, Moravie, Silésie, Styrie et Vorarlberg.

Le vote pour les élections du second degré s'exerce par bulletins dans la Haute-Autriche, Bohême, Tyrol, Salzbourg et Trieste. Il n'y a pas d'élections pour le second degré dans la Basse-Autriche.

fait défaut, elle est remise, quand le vote est direct, à des dates ultérieures fixées par les gouverneurs. Toutefois dans la curie des grands propriétaires et dans celle des chambres de commerce, à raison du petit nombre des électeurs, elle suit le premier tour à quelques heures d'intervalle. Il en est de même dans la curie des communes rurales aussi bien que dans la curie de la Classe générale des électeurs, quand il est procédé à l'élection par les électeurs du second degré, qui sont avertis télégraphiquement du résultat du premier tour dans les communes principales, équivalentes à nos chefs-lieux de canton, où ils sont réunis pour voter. L'élection de ballottage ne peut avoir lieu qu'entre les deux candidats qui ont obtenu le plus grand nombre de voix au premier tour.

Les élections sont validées par la Chambre. Réparties au sort entre neuf bureaux, elles sont soumises, quand elles sont contestées, à une grande Commission parlementaire appellée *Commission de légitimation* qui comprend 48 membres élus par la Chambre; mais c'est à la Chambre qu'il appartient de statuer. Il est d'usage que les différents partis soient représentés dans la commission. Ce n'est jamais l'un des adversaires politiques de l'élu qui est chargé de faire le premier examen, et il en résulte que la majorité n'abuse pas de ses droits contre la minorité; c'est à l'indulgence qu'elle est plutôt portée. Dans les dernières élections, 46 protestations se sont produites, dont 18 pour la nouvelle curie de la Classe générale des électeurs.

S'il s'agit maintenant de connaître l'aspect extérieur des élections autrichiennes, il ne faut pas les juger sur la Galicie, où sur 68 députés à nommer, 28 élections sont contestées et dont la situation a été exposée au Parlement dans l'un des remarquables discours du comte Badeni (1). Non seulement la Galicie est divisée entre Polonais et Ruthènes entre lesquels existe l'hostilité de race, mais encore la grande misère des paysans y favorise la guerre de classe, encouragée même quelquefois par certaines prédications religieuses et entretenue surtout par une active propagande socialiste. Il est donc moins surprenant que dans certains villages où les paysans votaient pour la première fois dans les collèges électoraux de la nouvelle curie, des scènes de désordre et de

(1) 7 avril 1897.

violence se soient produites. Dans le village de Davidow, aux abords de Lemberg, capitale de la province, à l'occasion du vote tumultueusement réclamé par les militaires en congé qui n'étaient pas portés sur les listes. les membres du bureau électoral furent assaillis par la foule à coups de cannes et de pierres et obligés de s'enfuir de la salle par les fenêtres. Le commissaire de l'élection, Popiel, poursuivi jusque dans la caserne de la gendarmerie, jeté à terre, ayant fait usage de son revolver, eut le crâne fracassé. Les gendarmes durent faire usage de leurs armes, deux paysans furent tués. Il fallut recourir à la force militaire envoyée par le gouverneur, pour avoir raison de la résistance des habitants et mettre la main sur les plus coupables.

Ailleurs, malgré l'entrée en scène de trois millions de nouveaux électeurs, les élections ont été en général très pacifiques. Les journaux, si libres et si nombreux qu'ils soient, mais qui ne se vendent pas dans les rues, n'y donnent pas un caractère de combat. Les affiches ne couvrent pas les murs, elles ne peuvent être placardées qu'aux lieux réservés aux autres affiches et ce sont plutôt les affiches des comités qui tiennent lieu des affiches des candidats. Les bulletins étant envoyés à domicile, aucune distribution n'est faite aux abords de la salle du vote. Les bureaux électoraux ne sont ouverts qu'avec l'autorisation du commissaire de l'élection, et à titre tout à fait privilégié, à ceux qui n'en font pas partie. Les électeurs ne peuvent y stationner, et ce n'est guère qu'à Vienne que les représentants des différents candidats y sont admis pour le contrôle du pointage des votes.

Le mouvement électoral est assez intense, principalement dans les villes, surtout pour les élections de la nouvelle curie. Il se produit dans les réunions électorales qui dispensent les candidats de la servitude des visites à domicile. Elles ont été très suivies surtout par les nouveaux électeurs, et les discours prononcés avec une grande aisance, même par les ouvriers, étaient écoutés avec autant d'attention que de faveur; elles ne sont pas contradictoires, de telle sorte qu'aucun tumulte ne s'y produit.

A côté des réunions électorales, il y a dans les villes ce qu'on appelle les locaux « d'agitation »; les comités y siègent en permanence, surtout pour s'assurer des électeurs douteux ou retardataires, pour déjouer les manœuvres de la dernière heure qui sont bien rares, ou pour recueillir les protestations. Les abstentions, qui dans les précédentes élections témoignaient de l'indifférence habituelle des électeurs, sont maintenant en notable décroissance. Elles se produisent encore en assez grand nombre dans la curie des grands propriétaires où, à Vienne, sur 207 électeurs, 45 n'ont pas voté, tant dans ce qu'on appelle la société, il est de bon ton de ne pas paraître s'intéresser aux élections. Il est vrai également qu'à Vienne, dans la nouvelle curie, celle du suffrage universel, le nombre des abstentions a représenté 20 p. 100; mais ce sont surtout les électeurs des curies déjà existantes qui se sont montrés peu soucieux d'user dans la nouvelle curie de leur prérogative de double vote : ils semblaient craindre de se compromettre avec de nouveaux électeurs, tandis que ceux-ci ont témoigné le plus grand empressement pour l'exercice de leurs droits, comme s'ils en avaient déjà l'expérience, et de façon à le justifier par l'intérêt qu'ils y ont pris, aussi bien que par leur irréprochable attitude.

Les manifestations dans les rues sont d'ailleurs rigoureusement interdites, mais sans aucune brutalité de la part de la police. Quand les électeurs se pressent aux abords de la salle de vote, c'est dans les cafés qu'ils se groupent avec les insignes du parti auquel ils appartiennent. Toutefois, à Prague, où les sections du vote comprennent un grand nombre d'électeurs, surtout d'électeurs ouvriers, jusqu'au maximum de 1,000 fixé par la loi, il y avait autour de la salle une foule houleuse ; mais pour éviter toute poussée les mesures étaient prises pour ne les y laisser entrer que par groupes de 25.

La proclamation du vote est faite « au lieu de vote principal », où les commissaires des élections apportent les procès-verbaux soigneusement ficelés, ainsi que cachetés, et successivement, mais très lentement, dépouillés. A Vienne, les électeurs y sont admis et gardent ordinairement le plus complet silence. Ailleurs, les membres du bureau central y sont seul présents : à Prague, le gouverneur était seul pour recevoir les procès-verbaux et pour en faire avec ses secrétaires le recensement définitif : après les élections, qui auraient pu paraître dans la journée les plus bruyantes, on n'aurait découvert aucun attroupement pour faire une ovation à l'élu, ou pour protester contre son élection.

Ce qui tempère les luttes électorales, c'est l'autorité du gouvernement et c'est également le respect qui lui est témoigné. Les pouvoirs donnés aux commissaires de l'élection sont considérables ; ils sont justifiés par le choix qu'en font les gouverneurs et les chefs des circonscriptions, en se faisant représenter, soit dans les villes par des fonctionnaires d'élite, soit dans les communes rurales, par ceux dont ils apprécient les aptitudes, sans aucune préoccupation de leurs opinions politiques. C'est avec le plus grand scrupule et la plus grande impartialité que ceux-ci s'acquittent de leurs fonctions ; ils méritent ainsi la confiance dont ils sont investis. Dans l'une des circonscriptions rurales de Vienne, pour les deux plus petites communes qui, à raison de l'insuffisance de leurs habitants étaient agglomérées, c'est-à-dire réunies pour le vote, le chef de la circonscription s'était chargé de remplir lui-même les fonctions de commissaire de l'élection, dans la crainte de ne pouvoir trouver un délégué offrant toutes les garanties de capacité. Quoiqu'on y votât dans une soupière, au domicile du maire, qui était cabaretier et dont l'horloge faisait entendre toute sorte d'airs patriotiques, les membres du bureau aussi bien que les électeurs, pour aller fumer et boire ensemble, laissèrent cette urne primitive sous la surveillance du chef de la circonscription, sans aucun soupçon et avec autant de confiante bonhomie, que s'il avait eu à garder leurs montres. Quiconque dans les élections représente le gouvernement semble aux électeurs bien moins encore un fonctionnaire qu'un arbitre.

Il n'est pas, en dehors des élections, jusqu'aux manifestations politiques, qui sembleraient devoir être des plus tumultueuses par leur caractère anti-gouvernemental, dans lesquelles l'ordre et la discipline ne laissent rien à désirer. Il en était ainsi à Vienne le dimanche 14 mars, au grand cimetière central, « cette grande enceinte de la mort où toutes les douleurs se rencontrent » ; malgré la pluie battante, plus de 15.000 ouvriers s'y étaient donné rendez-vous pour honorer les morts de la révolution de 1848. Malgré l'exaltation des harangues prononcées, ils défilaient comme un régiment devant le commissaire du gouvernement qui n'avait auprès de lui aucun agent de police, faisaient eux-mêmes le bon ordre et se contentaient d'entonner en chœur leurs chants accoutumés. C'est ce qu'un gouvernement gagne à savoir se rendre populaire, mais en se faisant rendre sans faiblesse l'obéissance qui lui est due.

Malgré la tranquillité apparente et extérieure des élections, ce ne sont pourtant pas les partis qui s'effacent, et avec lesquels il n'y ait pas à compter. Ils sont divisés et subdivisés en toute sorte de groupes qui s'appellent des clubs et qui ne sont pas moins de 17, offrant ainsi au moins en apparence un véritable dédale à la stratégie parlementaire.

Le parti socialiste s'est mis pour la première fois en campagne. Il a conquis quinze sièges, tant allemands que tchèques (ou bohèmes), dans la cinquième curie, avec trois adhérents du parti du peuple en Galicie, ce qui lui donne à peu près 18 membres, quand il aurait besoin d'avoir la signature de vingt membres pour le dépôt d'une proposition. Toutefois, quoi qu'il compte à Vienne 361 associations comprenant 47.000 adhérents, il a perdu son principal chef, le docteur Adler, et n'a pu y faire élire aucun de ses candidats, mais en leur obtenant néanmoins 90.000 suffrages. Il en résulte que si la nouvelle curie donne au parti socialiste entrée au Parlement, il n'a pas même obtenu le quart des 72 sièges attribués au suffrage universel, dont il est loin de s'être ainsi rendu le maître.

Le parti socialiste a trouvé en face de lui, principalement à Vienne, le parti antisémite recruté surtout dans les classes populaires trop souvent exploitées par les Juifs, qu'elles accusent de s'être enrichis à leurs dépens et dont elles redoutent la domination financière. Mais ses principaux chefs, le docteur Lueger, réélu six fois maire de Vienne avant que sa nomination ait été acceptée par le gouvernement, et le prince Aloys Lichtenstein, prodigue de son activité et de son éloquente parole, ont compris qu'un parti ne vit pas avec un cri de haine pour programme. Ils ont fait donner à celui qu'ils dirigent la dénomination de parti chrétien social, mettant dès lors la foi religieuse au service des réformes démocratiques et obtenant ainsi l'actif concours du clergé qui a des prêtres pour candidats : l'un d'eux, à Vienne, quoiqu'il n'ait pas été élu, était acclamé jusque dans les rues. C'est ainsi que dans la capitale même de l'Autriche, le parti chrétien social s'est rendu maître des neuf élections de la nouvelle curie, comme il l'était déjà de la diète de la Basse-Autriche et du Conseil municipal de Vienne (1). Il constitue désormais au Parlement un groupe de 26 députés, auquel le parti catholique allemand avec ses 31 élus et le parti catholique slave avec ses 35 élus ajoutent pour la défense des intérêts religieux un appoint considérable, ce qui est l'un des résultats saillants des dernières élections.

Entre ces deux nouveaux partis, le parti socialiste et le parti chrétien social, l'ancien parti libéral allemand, tel qu'il s'intitule, n'a fait que décroître en perdant près des deux tiers de ses membres. Son programme, qui est à la fois la défense du libre échange, mais en même temps la défiance des réformes politiques, ainsi que la résistance à ce qu'il appelle le cléricalisme, contre lequel il revendique la laïcisation au moins relative de l'enseignement public, n'a plus grande faveur. Après avoir eu la longue possession du pouvoir, privé de ses principaux chefs, M. de Plener et le baron Chlumecky, qui par leur rare mérite lui donnaient la plus grande autorité, et dont l'un a été nommé président de la Chambre des Comptes, l'autre membre de la Chambre des Seigneurs, il s'est trouvé réduit à 33 membres. Il est vrai que d'autres groupes pourraient éventuellement le renforcer ; mais c'est d'une part une aile droite, avec les grands propriétaires allemands et les libéraux modérés au nombre de 45, d'autre part une aile gauche très envahissante comprenant les nationaux-radicaux de différentes nuances anti-cléricales quoi qu'antisémites, encore plus allemands qu'autrichiens, et qui ne comptent pas moins de 46 membres.

Toutefois dans la situation présente, la question de gouvernement ne se pose ni entre le parti socialiste et le parti chrétien social, ni entre les partis qu'on voudrait désigner sous le nom de conservateurs, de libéraux et de radicaux. Pour le moment, une transformation est en voie de s'opérer, parce que c'est avec les nationalités qu'il faut plus que jamais compter. Elles ont leur large place dans la législation électorale et elles s'imposent à la politique intérieure de l'Autriche.

En effet, l'Autriche n'est qu'une mosaïque de provinces divisées surtout par la multiplicité des langues ou des idiomes qui s'élèvent jusqu'à 17. Juxtaposées et agrégées, mais sans pou-

(1) Il compte au Conseil municipal 96 sièges sur 132.

voir être jetées dans le même moule, elles sont rebelles à la centralisation que l'impératrice Marie-Thérèse et Joseph II avaient voulu leur imposer à outrance ; malgré les efforts qui ont été faits pour continuer cette politique, elles n'entendent pas s'y laisser assujettir. C'est au fédéralisme qu'elles tendent.

Pour mettre obstacle à cette fédération, la législation électorale a été combinée par une savante géométrie appliquée à la représentation des sièges parlementaires dans les provinces (1). En effet, tandis que la population allemande ne compte que pour huit millions et demi d'habitants dans celle de l'empire, en regard de la population slave qui donne un chiffre de quatorze millions, elle est représentée, d'après l'organisation des quatre curies antérieures à la création d'une nouvelle curie, par 112 députés allemands, quand il n'y en a que 136 attribués à la population slave, sans que la distribution des 22 sièges de la nouvelle curie ait notablement changé cette proportion. Ce résultat a été obtenu par l'importance donnée à la représentation des villes dont les habitants sont, en grande partie allemands et auxquelles ont été assimilés, comme centres industriels, de véritables villages dans lesquels la population allemande dominait.

Il y a donc, dans le Parlement autrichien, un parti allemand qui, malgré ses divergences politiques, n'entend pas se laisser enlever la prépondérance. Il a, pour lui, le parti de la cour, le parti militaire, l'administration, la haute finance, une presse admirablement organisée. Il considère que l'hégémonie allemande est la condition d'existence de l'Autriche. Toutefois l'un des résultats des dernières élections a été de le mettre en échec, en ne lui laissant que 196 sièges, c'est-à-dire moins de la moitié, dans une Chambre qui compte 425 députés (2). Il rencontre en face de lui tous les partis ou clubs nationaux,

(1) D'après la loi du 2 avril 1873 combinée avec celle du 11 juin 1896 qui a organisé la nouvelle curie, cette répartition donne pour les différentes provinces les chiffres suivants : Duché de Basse-Autriche 46, duché de Haute-Autriche 20, royaume de Bohême 110, royaume de Dalmatie 11, royaume de Galicie 78, duchés de Salzbourg 6, de Styrie 27, de Carinthie 10, de Carniole 11, de Bukowine 11, de Silésie 12, margraviat de Moravie 43, marquisat d'Istrie 3, principauté de Görz 5, territoire de Vorarlberg 4, ville et territoire de Trieste 5. La Bosnie et l'Herzégovine ne sont pas représentées.

(2) Les autres partis nationaux ont 215 sièges dont 191 appartiennent aux Slaves, à côté de 14 membres ne faisant partie d'aucun groupe, ce qui donne bien le total des 425 membres de la Chambre.

non seulement le club roumain avec ses 5 membres, le club italien très peu homogène avec ses 19 membres, divisés par leurs opinions religieuses ou anti-cléricales, le club slovène plus compact avec ses 35 membres catholiques, mais surtout le parti polonais et le parti tchèque rapprochés dans une commune alliance, après avoir été longtemps hostiles l'un à l'autre.

Le parti polonais ne compte pas moins de 68 membres attribués à la Galicie. S'il s'est subdivisé pour la première fois en trois fractions, il y en a deux, l'une démocratique chrétienne et l'autre socialiste, qui comptent à peine par le petit nombre de leurs membres, et ce sont les 59 députés faisant partie du club à la fois conservateur et catholique, dont la solidarité, restée intacte, pèse d'un grand poids dans la balance parlementaire. Aussi le parti polonais a-t-il profité de sa situation pour obtenir en faveur de la Galicie tout ce que la Galicie pouvait demander, et pour faire toujours tenir compte de ses réclamations, en se gardant bien d'en dépasser la mesure. Sa situation a tellement grandi, qu'elle semble lui donner la première place. En effet, il y a dans le Conseil du gouvernement quatre ministres de nationalité polonaise, dont deux, le comte Badeni et le comte Goluchowski, dirigent l'un et l'autre la politique intérieure et la politique extérieure de l'Empire.

A côté du parti polonais, il ne faut pas moins compter avec le parti tchèque, qui est le parti de la Bohême longtemps traitée en sujette et en suspecte. Il a pris hardiment position militante, avec les jeunes Tchèques, représentés par 60 députés plus ou moins calvinistes, qui se portent comme les défenseurs de l'autonomie de la Bohême. Affranchi de la tutelle du parti vieux Tchèque, auquel il reprochait sa modération, dont ses anciens chefs, longtemps vénérés, Polacky et Rieger, avaient profité pour ressusciter la Bohême, en rouvrant la source des traditions nationales, le parti jeune Tchèque, longtemps bruyant et batailleur et qui ne s'était jusqu'alors conduit qu'en parti d'opposition, s'est assagi par la lutte qu'il a été obligé de soutenir contre les socialistes. Reconnaissant la nécessité d'assurer le succès progressif de ses revendications qui iraient jusqu'au couronnement de l'Empereur d'Autriche comme roi de Bohême dans le vieux palais du Hradschin, il s'est contenté des concessions qui lui ont été offertes par le ministère du comte Badeni et s'est empressé de lui témoigner sa confiance. Il a réussi à faire ainsi facilement cause commune avec les 19 membres du groupe de conservateurs des grands propriétaires tchèques, de façon à pouvoir mettre en ligne 79 députés.

La première satisfaction qui lui a été donnée est celle de l'emploi de la langue tchèque, tel qu'il a été prescrit pour la Bohème par une ordonnance ministérielle qui n'a fait d'ailleurs qu'appliquer l'article 19 de la loi constitutionnelle du 21 décembre 1867, aux termes duquel « toutes les langues en usage « dans tous les pays de la monarchie ont un droit égal à être « employées dans les écoles, l'exercice des fonctions et les di- « vers actes de la vie publique ». Cet emploi est d'autant plus justifié, que les Tchèques représentent les deux tiers de la population de la Bohème (1). Aussi, pour tenir compte des griefs et des réclamations des députés de la Bohème, la langue tchèque a-t-elle été déclarée obligatoire dans tous les actes et arrêtés de l'administration et de la magistrature concernant une demande administrative ou une instance judiciaire formulée ou commencée dans cette langue.

En faisant ainsi acte de justice pour assurer à la monarchie autrichienne le grand bienfait de la réconciliation avec la Bohème, le comte Badeni, fidèle aux engagements qu'il avait pris avec la diète de cette province (2), s'est assuré qu'il pouvait concentrer autour de son ministère une majorité parlementaire, fut-elle plus au moins le résultat d'un amalgame. Si difficile qu'en fût la constitution, il a groupé avec tout le parti tchèque réuni, malgré ses dissidences, en un seul faisceau, le parti polonais et les autres partis provinciaux coalisés contre la politique de centralisation. En même temps, l'hostilité que le parti libéral allemand lui témoigne lui a valu en partie le concours des chrétiens sociaux et des catholiques allemands, qui usent, il est vrai, d'une grande circonspection, mais qui considèrent le parti libéral allemand comme l'adversaire contre lequel ils doivent se réunir.

D'autre part, le parti libéral allemand a déclaré au ministère une guerre implacable, à laquelle les nationaux-radicaux s'asso-

_____

(1) La population tchèque de la Bohème est de 67 p. 100, tandis que la population allemande n'est que de 32 p. 100.

(2) Dans son message à la diète de Bohème du 16 janvier 1896.

L.-P.

cient encore plus violemment, et il trouve des auxiliaires, fussent-ils plus réservés, dans les autres groupes allemands. Cette guerre d'intransigeance, dans laquelle près de 80 membres se sont engagés à outrance, a transformé la Chambre des députés en véritable arène de désordres, sans que l'autorité du nouveau président, le Dr Theodor Kathrein, ait pu utilement s'exercer. Mettant à profit le règlement très libéral de la Chambre, qui ne comporte ni droit de censure, ni droit d'exclusion, le parti allemand a repris les procédés dont les jeunes Tchèques avaient plus d'une fois fait usage dans les parlements précédents. Après avoir vainement demandé par l'organe de son principal chef, M. de Schœnerer, la mise en accusation du ministre signataire de l'ordonnance relative à l'emploi de la langue tchèque, le parti allemand n'a cherché qu'à tenir en échec tous les projets du gouvernement, en multipliant les notions d'urgence, d'ajournement, les votes par appel nominal dans les moindres questions d'ordre du jour. Mais, quelles que puissent être ses plaintes qu'il a discréditées, en s'y opiniâtrant tumultueusement dans des séances quelquefois prolongées pendant dix heures, il ne pourra perpétuer ces manœuvres d'obstruction parlementaire contraires à tous les intérêts de la monarchie. Le comte Badeni vient de mettre un terme aux véritables scandales qui s'étaient produits, en donnant la mesure de sa fermeté par le décret de prorogation qu'il a aisément obtenu de l'Empereur, et qui a été lu au milieu des clameurs de l'opposition. Il faudra bien que la sagesse finisse par prévaloir sur l'irritation. Si le parti allemand pouvait réussir à prendre sa revanche, ce serait pour la Bohême le signal d'une véritable prise d'armes politiques, dont le conseil municipal de Prague annonçait qu'il prendrait l'initiative, « en faisant appel à toutes les villes et communes de l'ancien royaume de Wenceslas ».

Pour faire, en 1867, la paix avec la Hongrie, l'Autriche a dû consentir à lui donner une complète autonomie. Si elle ne veut pas s'exposer à se laisser démembrer par l'autonomie de ses différentes provinces, elle est tenue à ne pas rester exclusivement allemande. Il importe à son unité, sinon de se transformer en état fédéral, au moins de suivre une politique qui se rapproche du fédéralisme. C'est l'évolution équivalente à celle qui s'est accentuée dans sa législation électorale par l'accès donné, avec la nouvelle curie, au suffrage universel. Elle s'imposait à l'esprit le jour de la séance impériale de l'ouverture du Parlement, quand chaque député, dont plusieurs dans le costume pittoresque de leur pays, employait, pour prêter serment, l'allemand, le polonais, le tchèque, l'italien, le croate ou le slovène. Mais le serment prêté, c'était le gage sérieux et sincère de l'unité de l'empire dont la plus grande force est dans l'Empereur. Héritier d'une dynastie six fois séculaire, l'empereur François-Joseph, âgé de 67 ans, a déjà régné près de cinquante ans, et l'année 1897 lui réservera la douce satisfaction de fêter son jubilé. Dès son avènement au trône, en face de la Hongrie soulevée et de Vienne livrée à la révolution, il a connu les extrémités de la mauvaise fortune. Plus tard, l'adversité ne lui a pas été épargnée, quand après Solférino et Sadowa, trahi par le sort des armes, il a dû subir deux fois la paix du vaincu. Atteint à soixante ans, dans sa vie privée, par la plus cruelle épreuve, il a, comme souverain et comme père, traversé la dure crise des malheurs. Il les a supportés avec autant de courage que d'énergie, sans se laisser abattre ni terrasser, et ses infortunes lui ont fait une auréole. En même temps, sans avoir été façonné par son éducation ni par ses goûts, aux devoirs d'un monarque constitutionnel, il a montré une expérience improvisée pour les pratiquer, quand, en 1860, il a dû changer le régime de sa monarchie. Il s'y est conformé avec autant de scrupule que de loyauté ; mais il n'en a pas moins gardé le grand rôle qui lui appartient et qui lui a permis de gouverner au-dessus des partis, en pratiquant une large politique de réconciliation dont l'Autriche-Hongrie a recueilli tous les bénéfices. Aussi peut-on dire de lui que le plus grand service qu'il ait rendu à ses peuples, c'est de mériter leur attachement et leur fidélité (1).

II. — Les élections en Hongrie.

La Hongrie a un passé parlementaire bien plus ancien que celui de l'Autriche et qui a les plus lointaines traditions. Dès l'origine de la monarchie des Arpads, il y avait une assemblée nationale hongroise composée comme en Pologne de tous

(1) Voir *Annales de l'École libre des Sciences politiques*, 15 mars 1895 et 10 mai 1896, les remarquables articles de M. Blociszewski.

les nobles qui se rassemblaient à cheval au milieu de leurs tentes dans les plaines de Rakos. La dernière réunion se tint en 1526 avant la grande défaite des Hongrois par les Turcs à Mohacz. En 1575, la Diète, telle que s'appelait cette assemblée, se divisa en deux Chambres ou Tables, la Table des Magnats et la Table des Députés.

Pendant près de trois siècles, jusqu'en 1848, les nobles seuls nommaient dans leurs comitats ou départements deux députés auxquels étaient adjoints les délégués de certains centres privilégiés et d'un petit nombre de villes, ainsi que les représentants d'institutions ou établissements privilégiés. La révolution de 1848 improvisa une Chambre des députés directement élus, mais elle fut suivie de l'assujettissement auquel la Hongrie se trouva réduite pendant près de vingt ans au milieu des plus dures épreuves vaillamment supportées, jusqu'à ce qu'en 1867 le compromis dû à l'habile persévérance de son grand patriote, François Déak, lui ait obtenu son autonomie : elle a été consacrée par le système de dualisme des deux royaumes d'Autriche-Hongrie dont l'empereur François-Joseph a su, au profit des deux royaumes, assurer l'heureux fonctionnement.

Le régime parlementaire dont la Hongrie s'est trouvée dès lors en possession, est représenté par l'existence de deux assemblées, la Chambre des Seigneurs, qui est l'ancienne Chambre des Magnats et la Chambre des Députés.

La Chambre des Seigneurs, ainsi appelée depuis la réforme de 1885, qui l'a reconstituée sur de nouvelles bases, en n'y laissant plus droit de séance à tous les magnats, comprend 395 membres appartenant à différentes catégories. Ce sont, outre les 21 membres de la famille impériale, 1° les membres héréditaires au nombre d'environ 200, qui sont les Magnats payant 3.000 florins (6.000 francs) d'impôt foncier; 2° les membres appelés à siéger par leur situation de grands dignitaires, qui comptent 70 membres, dont font partie les catholiques, archevêques et évêques, ainsi que les prélats de l'Église grecque; 3° les membres à vie nommés par le Roi et dont le nombre ne peut dépasser 50; 4° les membres élus par la Chambre, également jusqu'à concurrence de 50, parmi les Magnats qui ne paient pas le cens leur donnant droit de siéger; 5° deux membres délégués par la diète de Croatie-Slavonie.

La Chambre des députés à laquelle on n'est éligible qu'à

vingt-quatre ans accomplis, comprend 413 députés de la Hongrie et de la Transylvanie, 40 membres délégués par la diète de Croatie-Slavonie et un membre nommé par la ville de Fiume. Les députés ont un traitement annuel de 800 florins (1600 francs) et touchent pendant la session, comme frais de déplacement, 5 florins 25 k. (10 fr. 50) par jour. Une loi d'incompatibilité, du 10 janvier 1875, ne permet pas l'élection des fonctionnaires, de certains membres des ordres monastiques, des fournisseurs de l'Etat et des concessionnaires d'entreprises publiques. L'initiative appartient à la Chambre des députés en matière de législation. La durée de la Chambre est de cinq ans.

Les élections ont eu lieu du 26 octobre au 6 novembre. Elles n'ont pas soulevé, comme en Autriche, la question des nationalités. La Hongrie y a mis bon ordre, en assurant partout la domination toute puissante et tyrannique des Magyars, quoique sur une population de 15 millions d'habitants, ils ne comptent que pour 6 millions. La langue magyare est la seule langue officielle qui soit admise dans les actes de la vie publique aussi bien qu'au Parlement, sauf pour les députés de la Croatie. Aux termes de la loi électorale, les candidats doivent même justifier « qu'ils en ont l'usage ».

Les Slaves, les Roumains, les Allemands, sont traités en sujets. Il n'y a de place faite, si restreinte qu'elle soit, que pour les Croates, qui ont fini par la conquérir. En effet, la diète de Croatie-Slavonie, où les dernières élections qui ont donné lieu à des scènes tumultueuses, viennent d'assurer le plein succès du parti de l'indépendance, représentée depuis de longues années par le grand évêque patriote Mgr Strossmayer, aujourd'hui octogénaire, envoie des délégués au Parlement hongrois; mais ceux-ci ne votent pas à la Chambre des députés, lorsqu'il s'agit de lois qui ne sont pas applicables à leur pays. Ils sont ainsi réduits à une situation subalterne.

Quant aux partis, les questions d'intérêt général qui pourraient leur donner un programme bien caractérisé et leur servir de plate-forme électorale, ainsi qu'on dit en Angleterre, ont été tenues à l'écart dans les dernières élections ou bien n'étaient plus en jeu.

La question financière se résumait surtout dans l'augmentation de la quote-part payée par la Hongrie, concurremment avec la quote-part imputable à l'Autriche dans les dépenses communes aux deux royaumes. Ce quotient est pour la Hongrie de 30 p. 100, tandis qu'il s'élève pour l'Autriche à 70 p. 100, et il fait partie du compromis soumis au renouvellement décennal, dont le terme expire le 31 décembre 1897. Mais si l'Autriche demandait impérieusement à être déchargée par une surélévation de 36 p. 100 imposée à la Hongrie, la Hongrie, en alléguant surtout la proéminence militaire et diplomatique de l'Autriche, opposait une résistance qui semblait invincible : elle mettait dès lors tous les partis d'accord, en ne faisant qu'envenimer leur hostilité contre l'Autriche, à laquelle une récente manifestation contre le théâtre allemand de Pest a donné un libre cours.

La question religieuse aurait pu passionner tout autrement la lutte électorale, si elle ne paraissait pas close par le vote définitif des lois qui, pendant plusieurs années, ont mis l'Etat aux prises avec l'Eglise pour la laïcisation de l'état civil, en vue de favoriser les mariages mixtes, surtout les mariages entre chrétiens et juifs auxquels l'Eglise ne pouvait consentir. Elles ont été l'œuvre du ministre calviniste Koloman Tisza, le patriarche du parti qui s'appelle le parti libéral, et de son successeur, Weckerlé, dont le premier ministre d'aujourd'hui, le baron Banffy, également calviniste, suit les traditions. Combattues avec acharnement par le clergé, dont le prince primat, le cardinal Simor, avait la direction, elles ont divisé la Hongrie en deux camps à l'état de guerre ouverte, et ont entretenu des inimitiés qui semblent encore irréconciliables. Mais une fois sanctionnées par l'Empereur et entrées en pratique, elles ne peuvent être abrogées, et ce n'est plus qu'une politique de tempérament qu'il faudrait savoir mettre en pratique.

Toutefois, elles ont créé un parti qui reste militant et qui, malgré ses derniers échecs, ne pourra manquer de gagner par la propagande de nouvelles recrues, surtout si la législation électorale est un jour ou l'autre élargie au profit de nouveaux électeurs. C'est le parti catholique qui s'appelle maintenant le parti du peuple et que mènent au combat avec une étonnante ardeur les comtes Zichy et Eszterhazy; tous deux siègent à la Chambre des Seigneurs et n'ont pu réussir à se faire nommer députés. Leur parti ne dispose dans la nouvelle Chambre que de 20 sièges, et les libéraux ou radicaux qui s'en étaient plus ou moins rapprochés sur la question du mariage civil, sous la conduite du comte Jules de Szapary et du vieux démocrate Gabriel Ugron, ont été décimés. Mais le parti du peuple a un programme qui, d'une part, rassure la monarchie par sa fidélité au compromis auquel il ne demande aucun changement, et qui, d'autre part, lui rend la démocratie favorable par les réformes dont il se fait le défenseur. Les succès du parti chrétien social en Autriche ne peuvent que l'encourager. S'il sait se résigner aux faits accomplis en matière de législation et se garder de toute apparence d'intolérance, au lieu d'être le parti du passé, il peut devenir le parti de l'avenir.

A côté du parti du peuple, le parti national est également un parti d'opposition. Ennemi de toute persécution religieuse, mais n'ayant pas cru devoir s'associer à la résistance opposée aux lois de laïcisation de l'état civil, le parti national cherche sa popularité dans ses revendications d'une part plus large faite aux droits de la Hongrie, notamment par la constitution d'une armée magyare dont la langue de commandement ne soit pas la langue allemande. Il se porte en même temps résolument à la défense de toutes les libertés contre tous les abus du pouvoir. S'il a perdu beaucoup de ses membres, notamment l'un de ses principaux chefs, Ladislas Béothy, et s'il est réduit à 38 députés, il lui reste pour le représenter, avec tout le prestige de son talent, le comte Albert Apponyi qui, vaillant champion de la liberté électorale aussi bien que de la liberté de la presse, met son éloquence au service de toutes les justes causes, et serait dans tous les parlements d'Europe l'un de leurs plus brillants orateurs.

Le groupe plus puissant que le parti du peuple et le parti national, même réunis, c'est, avec ses 50 élus, le parti radical, dans lequel le fils de l'ancien dictateur Kossuth a l'un des premiers rangs. Il demande plus ou moins ouvertement non pas seulement la réforme, mais la suppression du compromis en ne voulant admettre entre l'Autriche et la Hongrie que le régime d'une union dynastique personnelle. Toutefois, il sait se ménager avec le parti ministériel d'utiles compromissions, en se faisant l'auxiliaire de la guerre anti-religieuse qu'il n'a jamais cessé d'encourager.

Tous ces partis sont aisément tenus en échec par le parti mi-

nistériel qui s'intitule le parti libéral. Il a gagné plus de 50 sièges, en profitant de tous les avantages que lui donne la longue
possession du pouvoir et met en ligne une masse compacte de
290 députés sur 413 (1). Il a pour lui l'influence considérable
des Juifs représentant environ un million d'habitants, qui
possèdent la moitié du sol et détiennent en qualité de fermiers
les deux tiers des immenses domaines de l'Etat. Il compte toute
une réserve d'hommes d'Etat depuis les ministres d'aujourd'hui
tels que le baron Banffy jusqu'à ceux qui, comme M. de Szilâgyi,
président de la Chambre où il exerce la plus haute autorité,
peuvent être les ministres de demain. Sa plus grande force
néanmoins, c'est la confiance que l'Empereur, respectueux
observateur des droits de la majorité, se croit tenu de lui
témoigner.

Les élections sont réglées par la loi du 10 novembre 1874, qui
est un véritable code ne comprenant pas moins de 121 articles.
Elle a remplacé la loi improvisée de 1848. Le droit électoral, indépendamment de l'exclusion des incapables ou des indignes
est fondé sur l'âge, et sur le cens ou la capacité. Il représente
pour la Hongrie, sur une population de 16 millions un nombre
d'électeurs d'environ 900.000.

L'âge requis est celui de 20 ans accomplis, tandis qu'en Autriche il est celui de 24 ans.

Le cens est établi par des procédures différentes, qui prêtent
à la confusion, selon qu'il s'agit de propriétés foncières, de ca-
pitaux mobiliers, d'industries ou d'emplois. Il peut être ramené
pour les différentes catégories d'électeurs à un revenu de 105 florins (2) et à un impôt direct de 10 florins (20 francs) qui doit
avoir été payé intégralement dans l'année précédant les élections. En sont dispensés dans les villes, ceux qui possèdent pour
eux seuls une maison contenant au moins trois pièces d'habita-
tion, fût-elle exempte d'impôts, les artisans qui ont un aide ou
ouvrier, et dans tout le royaume ceux qui jouissent, surtout en
Transylvanie, d'anciens privilèges et dont le nombre représente
encore 20 p. 100 des électeurs censitaires.

La catégorie des capacités, qui donne place à la représentation de l'intelligence à côté de la représentation de la fortune, a une grande extension, et 40.000 électeurs environ en profitent. Elle comprend les membres des académies, les curés et leurs vicaires, les professeurs, docteurs, médecins, pharmaciens, notaires, ingénieurs, jusqu'aux maîtres d'écoles et maîtres diplômés des écoles maternelles. Par contre, les militaires en activité de service, officiers ou soldats, les employés des douanes et de la police ne votent pas. Aucune part n'est faite au suffrage universel.

Le vote n'a lieu dans toutes les circonscriptions que pour l'élection d'un député. La répartition de ces circonscriptions est restée intacte, telle qu'elle résulte de la division de la Hongrie en villes libres, en districts et en comitats : les comitats quelle que soit leur population, ont droit à l'élection de deux députés. Il en résulte pour les villes comme pour les comitats, surtout en Transylvanie, la plus grande irrégularité de représentation proportionnelle et le nombre des électeurs peut varier de 2 à 300 jusqu'à 6.000. C'est la juxtaposition la plus arbitraire des grands et des petits collèges transformés en bourgs pourris, comme dans la vieille législation électorale de l'Angleterre.

Les pouvoirs électoraux appartiennent au Comité électoral central établi dans chaque ville ou dans chaque comitat équivalent à nos départements, pour tous les districts électoraux qui en dépendent. Ce Comité est élu par le Conseil municipal des villes ou par le Conseil général du comitat. Il est présidé par le maire ou par le chef élu du Conseil général du comitat qui partage l'autorité départementale avec le Préfet ou Comte suprême représentant de l'Etat. Il compte au moins 12 membres, dont le nombre augmente à raison des districts d'élection (1).

Les listes électorales sont dressées par trois des membres élus par le Comité électoral central ; elles sont closes le 1er avril. Les réclamations peuvent être faites dans un délai de dix jours, avec un droit d'appel à la Cour royale que le grand nombre de pièces à produire dans un délai de huit jours rend très difficile à exercer.

Le ministre de l'Intérieur convoque les électeurs trente jours

____

(1) Le Comité est de 16 membres, quand le comitat comprend deux districts, de 24 membres quand le comitat en comprend 3, et de 3 membres en plus pour chaque district au-dessus de 3.

avant l'élection et fixe un délai de dix jours durant lequel toutes les élections doivent s'accomplir. Il en résulte qu'elles ne sont pas simultanées, de telle sorte qu'un candidat ayant échoué dans un collège électoral peut ailleurs se présenter utilement.

Le jour de l'élection est fixé par le Comité électoral central, mais de telle façon que toutes les élections aient lieu le même jour dans chaque ville ou dans chaque comitat. Le Comité électoral central fait choix également du président de la Commission préposée à l'élection dans chaque ville ou dans chaque district. Cette Commission est composée de deux membres délégués par le Conseil municipal de la ville ou de la commune dans laquelle a lieu l'élection, avec adjonction d'un ou de deux électeurs qui sont les représentants du candidat. C'est le président qui dirige toute l'élection pour laquelle il a pleins pouvoirs, les membres du bureau n'ayant que voix consultative ; mais il ne peut être élu député dans la ville, ni dans le district où il exerce ses fonctions.

Le vote peut avoir lieu dans plusieurs sections quand le nombre des électeurs dépasse 1.500 ; mais, au risque de grands déplacements pour les électeurs, ces sections sont constituées au chef-lieu du district où ils doivent se réunir pour voter.

Le vote commence à huit heures du matin et doit être continué sans interruption ; toutefois, si l'élection est suspendue pendant plus de deux heures par suite de troubles, le président peut la remettre à un autre jour. Le vote ne peut être clos que sur la demande des deux partis, ou lorsque depuis une heure personne n'a voté.

L'élection commence par la présentation du candidat, qui peut être faite par chaque électeur du district ; quand elle n'a pas été faite la veille de l'élection, elle doit être indiquée avant l'ouverture du vote. Quand une demi-heure avant que le vote ait commencé, un seul candidat a été présenté, le président de la Commission déclare le vote terminé et proclame élu le candidat. Lorsqu'il y a plusieurs candidats et quand des électeurs demandent le vote, il y est aussitôt procédé.

Le vote partout uniforme est public et oral, ce qui est le caractère le plus saillant des élections hongroises et en constitue l'infériorité. Chaque électeur, après avoir donné son nom et après avoir fait constater son idendité, nomme à haute voix le

candidat auquel il donne sa voix, et à côté du nom de l'électeur
est inscrit celui du candidat pour lequel il vote. Les votes sont
inscrits sur le registre de l'élection, où, malgré toutes les pré-
cautions prises, sont portés plus d'une fois ceux des absents ou
des morts par suite de frauduleuses connivences, dont les élections de Hongrie ne donnent pas seules le triste spécimen.

Les communes ou quartiers sont admis au vote dans l'ordre
fixé par la Commission centrale, et les électeurs de la même
commune sont appelés séparément, suivant le candidat pour
lequel ils votent. Le sort décide pour la première commune
quel parti sera d'abord admis au vote : pour les communes qui
suivent, les deux partis alternent.

Aucun chiffre de votant n'est requis pour la validité de l'élection; mais lorsqu'aucun des candidats n'a obtenu la majorité
absolue, il y a lieu à un scrutin de ballottage entre les deux candidats qui ont obtenu le plus de voix. Dans ce cas, la Commission centrale fixe la date du second tour de scrutin, pour lequel
elle doit laisser un délai de 14 jours au moins, sans qu'il puisse
excéder 24.

La Chambre des députés statue sur la validité des élections,
mais comme à huis-clos et sans les avantages de la publicité,
parce qu'elle a substitué à sa juridiction d'assemblée plénière
celle de ses comités. Après avoir été préalablement examinées par
la Chambre répartie au sort entre neuf bureaux, elles sont soumises, quand il y a contestation, à l'un des neuf comités de jugement composés chacun de sept membres, auxquels la Chambre
délègue tous ses pouvoirs, en ne se réservant que le droit d'or-
donner, s'il y a lieu, une nouvelle élection. Concurremment
avec les comités de jugement, la Chambre élit un Comité permanent auquel sont soumises toutes les questions de légalité,
quand elles lui sont renvoyées par les bureaux chargés do
l'examen préalable : ce comité permanent a seul compétence
pour les enquêtes quand elles sont ordonnées par les comités de
jugement. Il n'y a eu dans les dernières élections qu'une ving-
taine de mandats contestés, sur lesquels 6 ou 8 seulement ont
donné lieu à une enquête.

Les cas d'invalidation et d'enquête sont précisés par la loi.
Les conditions qui sont mises à l'admissibilité des protestations,
appelées *pétitions*, les rendent difficiles à produire, même quand

la façon d'agir des comités de la Chambre, bien peu disposés à en tenir compte, n'en ferait pas reconnaître l'inutilité. Il faut les présenter en langue officielle, c'est-à-dire en magyar. Avant la réunion de la Chambre, on est tenu de faire légaliser toutes les pièces qui y sont jointes et qui doivent être également traduites en magyar. En outre les pétionnaires doivent désigner un ou deux fondés de pouvoir, pour les représenter devant les comités : enfin on est obligé de déposer une somme de 1.000 florins (2.000 francs) comme cautionnement. Toutes ces formalités protègent au moins la minorité contre des tentatives trop aisées d'invalidation de ses élus. D'ailleurs il faut reconnaître que c'est surtout par l'indulgence de la majorité pour les siens que les comités signalent leur partialité. Au nombre des mandats les plus contestés se trouvait celui du comte Apponyi, l'un des chefs de l'opposition qui avait eu pour concurrent le ministre de la justice. Le mandat, ayant été attaqué par de nombreux électeurs, a été validé sans difficulté.

La substitution si désirable en Hongrie, comme ailleurs, du pouvoir judiciaire à la juridiction de la Chambre est inscrite dans la loi de 1874 ; elle a fait l'objet d'une véritable codification dans un nouveau projet de loi présenté par le ministre de la justice d'alors M. de Szilàgyi (1), qui remonte à 1894, sans avoir pu jusqu'ici aboutir par suite du désaccord des deux Chambres qu'on paraît de part et d'autre se plaire à prolonger. Aussi l'article 80 de la loi de 1874 ainsi conçu : « La Cour royale statue sur les élections contestées : une loi spéciale établira la manière de procéder de la Cour » a son correctif dans le paragraphe qui le termine, et aux termes duquel « jusqu'à ce que cette loi soit faite la Chambre elle-même continue à juger les élections contestées ». La promesse de l'en dessaisir est faite, il s'agit seulement de savoir quand elle sera tenue. Les mœurs électorales en feraient pourtant une nécessité pour donner une sanction au titre de la loi « sur la responsabilité des autorités électorales et sur les abus électoraux » qui ne comprend pas moins de douze articles. Aucun délit n'y échappe ; mais qu'importe la pénalité, si l'impunité est acquise ?

Pour mettre un terme a tout ce qui entache les élections de

_____

(1) Aujourd'hui président de la Chambre des députés.

Hongrie et en fait une parodie électorale, il faudrait commencer par réformer la législation.

Indépendamment des catégories trop restreintes d'électeurs, la trop grande puissance donnée au président du collège électoral qui peut questionner les électeurs lui permet, sous les prétextes les plus futiles, de refuser l'enregistrement de leurs votes, en contestant arbitrairement leur identité, rien que pour une orthographe de nom mal mise. En outre la concentration des électeurs au chef-lieu de district et surtout la publicité du vote oralement donné entretiennent la discorde aussi bien que la corruption, et font prévaloir scandaleusement l'intimidation des électeurs au détriment de leur indépendance qui est sacrifiée.

D'ailleurs les mœurs se prêtent à cette fantasmagorie. L'encre à flots répandue dans les journaux ne suffit pas aux Magyars pour préconiser les mérites de leurs candidats. Il leur faut de bruyantes assemblées où les orateurs en costume national, le *fokos* (1) en main, s'escriment plus encore qu'ils ne parlent. Il leur faut des chevauchées où les bandes rivales se défient mutuellement et se chargent. Il est d'usage de promener dans chaque district des drapeaux aux couleurs nationales, où se lit, précédé de « *l'Élyen* » ou vivat, le nom du candidat. Des plumes, des fleurs, des emblèmes de toute sorte, devant être portés au chapeau ou à la boutonnière, sont distribués aux électeurs. Les courtiers électoraux, appelés *Kortès*, parcourent la campagne, suivis d'une musique de Tziganes. Chaque soir, on s'assemble dans une auberge où l'on discute et boit à outrance. Le jour du vote arrivé, on se rend par bandes au chef-lieu. Ce sont sur les routes des files de voitures attelées de trois et cinq chevaux, portant les électeurs en grande tenue, tandis qu'autour d'eux les jeunes gens caracolent, en agitant leurs étendards. En entrant dans la ville, chaque bande est acclamée par les amis et huée par les adversaires. On dételle sur quelque place, on entrave les chevaux et on se rend au scrutin. Là, des orateurs encouragent leurs partisans et injurient leurs adversaires. Les électeurs se provoquent ; ils sont divisés en deux camps, les rouges et les verts par exemple. Tour à tour les bandes de l'une ou de l'autre couleur défilent devant le comité électoral,

(1) Hachette à long manche que le paysan magyar emploie à tout usage et qui devient souvent une arme de combat.

sous la surveillance des courtiers d'élection. Pendant ce temps, les Tziganes jouent toujours et l'on ne cesse de boire que pour retourner boire (1).

L'excitation est ainsi à jet continu. Malgré l'intimité qui s'établit entre les députés une fois élus et qui va jusqu'au tutoiement, plus d'une fois le sang coule. Il est même arrivé que deux candidats, pour décider de l'élection au second tour de scrutin, se sont battus au pistolet dans un duel où l'un des deux a été tué (2). A Neusohl, cinq cents paysans du parti chrétien populaire ont été chargés par les troupes et l'on a compté plusieurs morts et blessés. A Erdoekoez, l'état de siège a été décrété. Un candidat libéral, M. Engelmayer, a failli être lapidé dans sa circonscription. Dans celle d'un autre député, M. Hock, les partisans de ce dernier ont tué le juge Kowatz et sa femme. Intimidés par les assassinats, beaucoup d'hommes politiques ont renoncé à se porter candidats.

Des tumultes sont souvent provoqués pour empêcher des communes entières de voter et les tenir à l'écart du scrutin. Dans la ville de Tyrnau où se portait le comte Zichy, membre de la Chambre des Seigneurs et chef du parti chrétien du peuple, les plus nombreux groupes de ses électeurs, au nombre de mille environ, ont été entourés de troupes, sous prétexte de désordres à éviter, et il leur a été ainsi interdit d'approcher du bureau. Dans plus de trente élections, les électeurs des candidats de l'opposition ont été empêchés par la force ou la ruse de pouvoir exercer leurs droits.

Quand ce n'est pas la violence qu'on emploie, c'est l'argent qui se prodigue. Comment ne pas payer les transports, les frais de nourriture et de boissons ? Aussi le projet de loi qui avait été présenté pour transférer aux cours de justice la vérification des pouvoirs des députés admettait-il, sans vaine dissimulation, que les candidats ne pouvaient être considérés comme coupables de corruption, quand ils faisaient transporter les électeurs à leurs frais et leur donnaient pendant le trajet, ainsi que le jour de l'élection, la nourriture nécessaire.

L'argent joue souvent son rôle moins excusable. Les votes s'achètent plus ou moins secrètement et se vendent plus d'une

(1) Voir le *Journal* 24 oct. 1896, article de M. A. Saissy.
(2) A Rina-Szacs le duel a eu lieu entre M. Druscozy et M. Fay qui a été tué.

fois au dernier enchérisseur, surtout quand à la fin d'une élection on peut prévoir que le succès ne tiendra qu'à un petit nombre de suffrages. Aussi la moyenne des frais d'une élection peut-elle être évaluée à 25.000 francs, et il y en a qui coûtent plus de 100.000 francs.

Pour se rendre compte de ce que valent les élections en Hongrie, il ne reste qu'à montrer la candidature officielle dont on pourrait dire qu'elle broche sur le tout. Tous les fonctionnaires et employés de l'Etat sont obligés, surtout par le vote public, d'être ses auxiliaires, malgré l'ordonnance qu'à son honneur le ministre de la justice de 1892, M. de Syilàgyi, adressait aux membres de l'ordre judiciaire et qui n'a pu que rester lettre morte. La candidature officielle ne se dissimule pas, sous des voiles plus ou moins transparentes comme celle d'aujourd'hui en France; elle s'étale à découvert avec tout son appareil, en défiant hardiment les articles de la loi qui atteignent la pression exercée sur les électeurs. Le ministre n'a qu'une préoccupation c'est celle de transformer en agents électoraux les présidents des conseils généraux des comitats et les présidents des bureaux d'élection. Dans le comitat de Nógràd, où M. Jean de Scitovszky, qui avait représenté trois fois sa circonscription, se portait candidat contre le secrétaire du ministère de l'Intérieur, M. Latkoizy, celui-ci disposant, sur 576 votants, des voix de 300 fonctionnaires ou employés dans la ville de Balassa-Gyarmat, chef-lieu du district, c'était surtout des villages, qui comptaient à peu près 1.500 votants, qu'il fallait s'assurer. On avait promis à la ville un gymnase, une fabrique de tabac, en prodiguant les promesses aux uns, les menaces aux autres, notamment aux cabaretiers. Avec les paysans on avait moins à se gêner. Des fonctionnaires subalternes, accompagnés de gendarmes, arrêtaient ceux qui se chargeaient de transporter les électeurs du candidat de l'opposition, venaient réveiller la nuit ses partisans, les obligeaient à changer de drapeaux et de cocardes, les mettaient en voiture sous bonne escorte pour les conduire au chef-lieu du district où ils étaient enfermés la nuit dans des cabarets pour être conduits le lendemain matin à ce qu'on pouvait appeler l'exercice militaire électoral. L'élection du candidat du gouvernement était ainsi assurée, mais seulement avec 300 voix de majorité et au prix, dit-on, de

140.000 francs dépensés. Ce sont là les procédés qui ont cours et ce qu'il y a de plus triste à constater, c'est qu'on y est tellement habitué, qu'ils ne font pas scandale.

C'est ainsi que le parti gouvernemental qui se décore du nom de parti libéral et qui est représenté par le ministère du baron Banffy a remporté aisément une victoire triomphante, en s'assurant dans la nouvelle Chambre une majorité qui dépasse les deux tiers. Mais il ne suffit pas de prendre une étiquette pour justifier l'appellation qu'on se donne. Encore plus que le parti libéral allemand, avec lequel il fait cause commune en Autriche, le parti libéral en Hongrie n'est qu'un parti sectaire et autoritaire à outrance. Le ministère du baron Banffy vient d'en donner une nouvelle preuve par la présentation d'un projet de loi qui soulève l'opinion, si docile qu'elle soit, et qui est destiné à enlever au jury, pour les transférer aux tribunaux ordinaires, les procès de presse pour diffamation. Après avoir fait des élections un instrument de domination, il se propose d'employer la magistrature à faire la loi aux journaux. A ce titre, il ne faut pas s'appeler libéral, mais libérâtre.

La Hongrie peut se vanter de sa prospérité financière ; elle peut être justement fière de l'éclat un peu fastueux de sa civilisation dont la ville de Pest donne le brillant spectacle ; elle a le droit de s'enorgueillir des fêtes splendides et vraiment nationales avec lesquelles elle a fêté en 1896 son millénaire. Elle peut s'être donné, au prix de 14 millions de florins (28 millions de francs), le magnifique palais du nouveau parlement dont elle a voulu faire l'imitation du palais de Westminster. Mais à la différenc de l'Angleterre, tant qu'elle ne changera rien à ses lois et à ses mœurs électorales, la liberté des élections lui manquera, et quoiqu'elle considère l'Autriche, vis-à-vis d'elle, comme arriérée, c'est de l'Autriche qu'elle aura à cet égard des leçons et des exemples à recevoir.

« Améliorez vos institutions sans les détruire, élargissez vos scrutins, rendez les secrets et indépendants», ce sont ces conseils d'une voix amie, sympathiquement exprimés (1), qu'il est bon de faire entendre à la Hongrie, et dont elle aurait intérêt à profiter.

(1) *La Patrie Hongroise*, par Mme Adam, p. 135.

Paris. — Typ. A. DAVY, 52, rue Madame. — Téléphone